Impressum
Verlag: BABADADA GmbH, Nedderfeld 112 , 22529 Hamburg
Geschäftsführer / Verlagsleitung: Harald Hof
Druck: Books on Demand GmbH, In de Tarpen 42, 22848 Norderstedt

Imprint
Publisher: BABADADA GmbH, Nedderfeld 112 , 22529 Hamburg, Germany
Managing Director / Publishing direction: Harald Hof
Print: Books on Demand GmbH, In de Tarpen 42, 22848 Norderstedt, Germany

škola
Szkoła

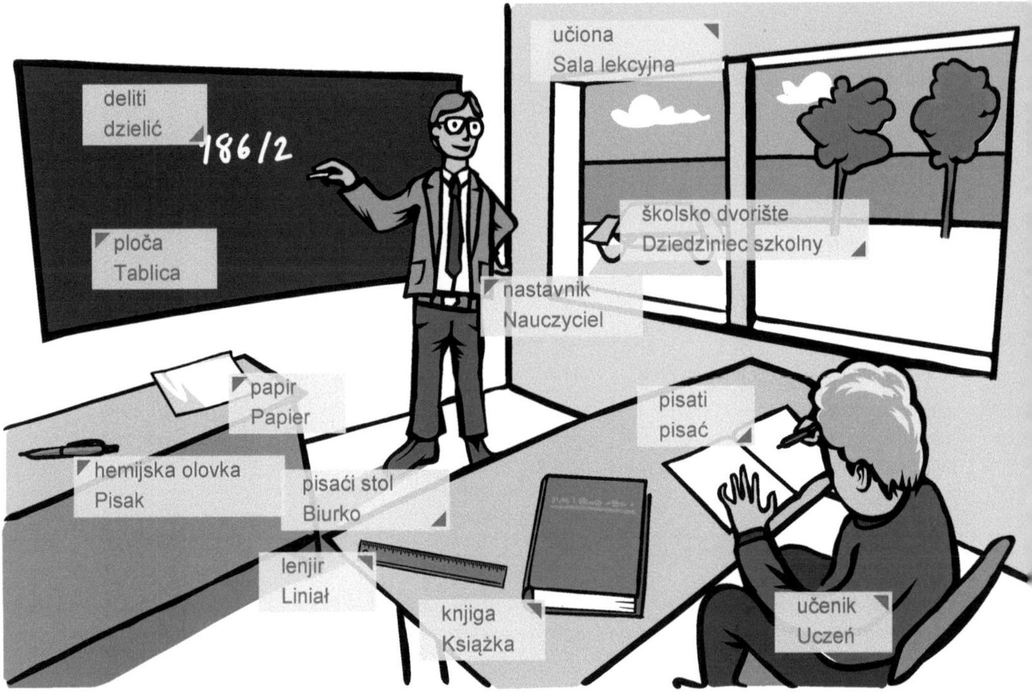

učiona
Sala lekcyjna
deliti
dzielić
186/2
ploča
Tablica
školsko dvorište
Dziedziniec szkolny
nastavnik
Nauczyciel
papir
Papier
pisati
pisać
hemijska olovka
Pisak
pisaći stol
Biurko
lenjir
Liniał
knjiga
Książka
učenik
Uczeń

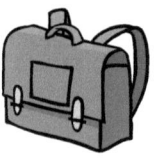

torba
Plecak szkolny

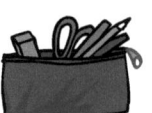

pernica
Piórnik

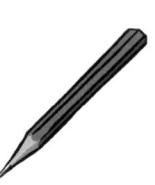

grafitna olovka
Ołówek

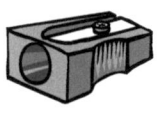

šiljilo za olovke
Temperówka

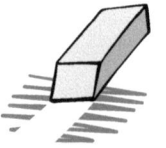

gumica za brisanje
Gumka do mazania

blok za crtanje
Blok rysunkowy

crtež
Rysunek

kist
Pędzel

kutija sa bojama
Pudełko z akwarelami

makaze
Nożyce

lepilo
Klej

beležnica
Książka do ćwiczenia

domaći zadatak
Zadanie domowe

broj
Liczba

2+2

sabirati
dodawać

5-2

oduzimati
odejmować

2×2

množiti
mnożyć

računati
liczyć

slovo
Litera

ABCDEFG
HIJKLMN
OPQRSTU
VWXYZ

abeceda
Alfabet

reč
Słowo

tekst

Tekst

čitati

czytać

kreda

Kreda

čas

Godzina

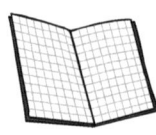

dnevnik

Dziennik lekcyjny

ispit

Egzamin

svedočanstvo

Świadectwo

školska uniforma

Mundurek szkolny

obrazovanje

Wykształcenie

leksikon

Leksykon

univerzitet

Uniwersytet

mikroskop

Mikroskop

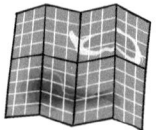

karta

Mapa

košara za papir

Kosz na odpadki

putovanje
Podróż

hotel
Hotel
Grand
prenoćište
Schronisko
ROOMS
menjačnica
Kantor wymiany walut
kofer
Walizka
auto
Auto

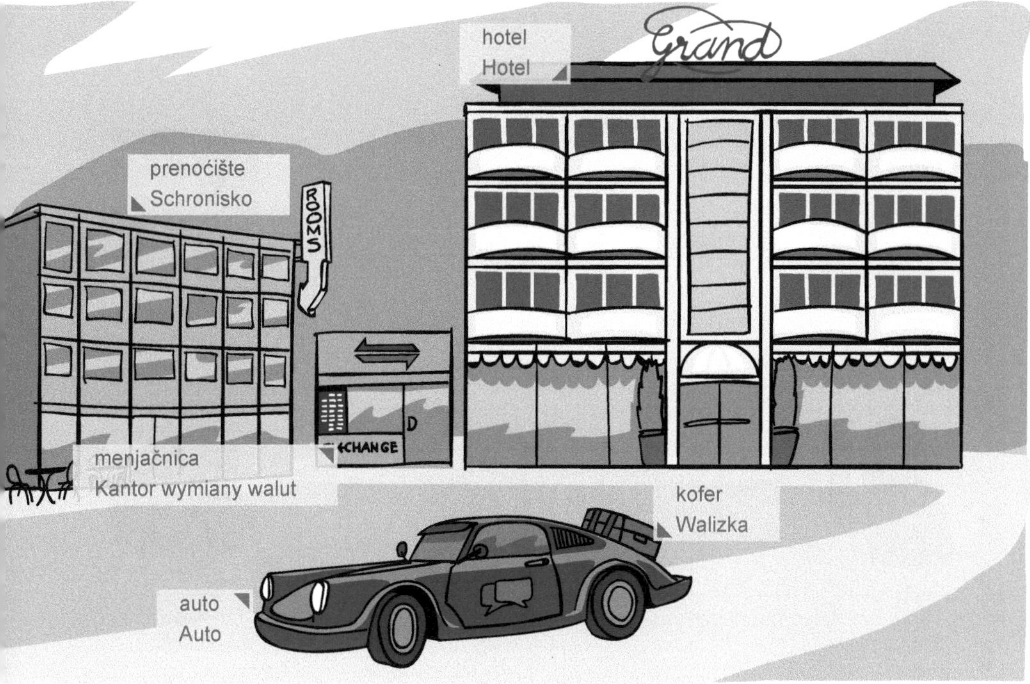

jezik

Język

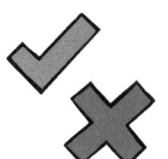

da / ne

tak / nie

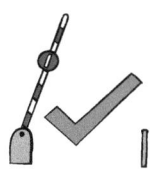

okej

OK

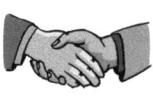

zdravo

Halo

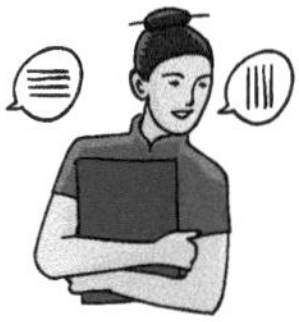

prevodilac

Tłumacz

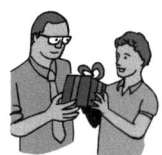

hvala

Dziękuję

Koliko košta...?

Ile kosztuje ...?

ne razumem

Nie rozumiem

problem

Problem

dobro veče!

Dobry wieczór!

Dobro jutro!

Dzień dobry!

Laku noć!

Dobranoc!

doviđenja

Do widzenia

smer

Kierunek

prtljaga

Bagaż

torba

Torba

ruksak

Plecak

gost

Gość

soba

Pokój

vreća za spavanje

Śpiwór

šator

Namiot

turističke informacije

Informacja turystyczna

plaža

Plaża

kreditna kartica

Karta kredytowa

doručak

Śniadanie

ručak

Obiad

večera

Kolacja

karta za vožnju

Bilet

lift

Winda

poštanska markica

Znaczek na list

granica

Granica

carina

Cło

ambasada

Ambasada

viza

Wiza

pasoš

Paszport

transport
Transport

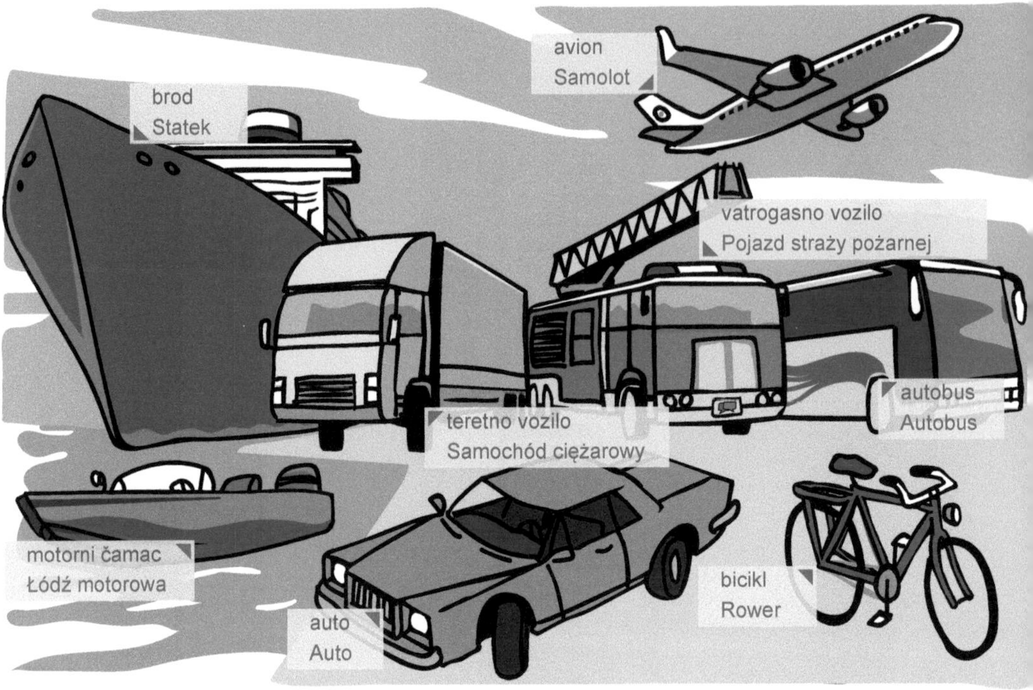

avion
Samolot
brod
Statek
vatrogasno vozilo
Pojazd straży pożarnej
autobus
Autobus
teretno vozilo
Samochód ciężarowy
motorni čamac
Łódź motorowa
bicikl
Rower
auto
Auto

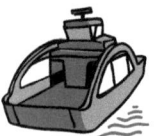

trajekt

Prom

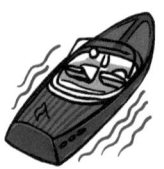

čamac

Łódź

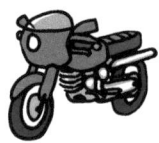

motocikl

Motocykl

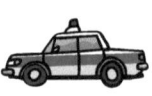

policijski auto

Radiowóz policyjny

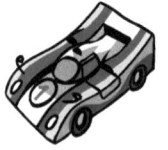

trkaći auto

Samochód wyścigowy

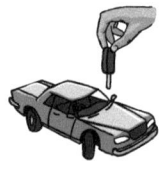

iznajmljeno auto

Samochód wypożyczony

delenje automobila

Wspólne przejazdy samochodem

vučno vozilo

Samochód pomocy drogowej

vozilo za odvoz smeća

Śmieciarka

motor

Silnik

benzin

Benzyna

benzinska stanica

Stacja benzynowa

saobraćajni znak

Znak drogowy

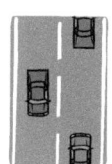

saobraćaj

Ruch

zastoj

Korek

parkiralište

Parking

železnička stanica

Dworzec

šine

Szyny

voz

Pociąg

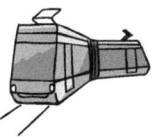

tramvaj

Tramwaj

vagon

Wagon

helikopter

Helikopter

aerodrom

Lotnisko

kula

Wieża

putnik

Pasażer

kontejner

Kontener

karton

Karton

kolica

Taczka

korpa

Kosz

uzleteti / sleteti

startować / lądować

grad

Miasto

selo

Wieś

centar grada

Centrum miasta

kuća

Dom

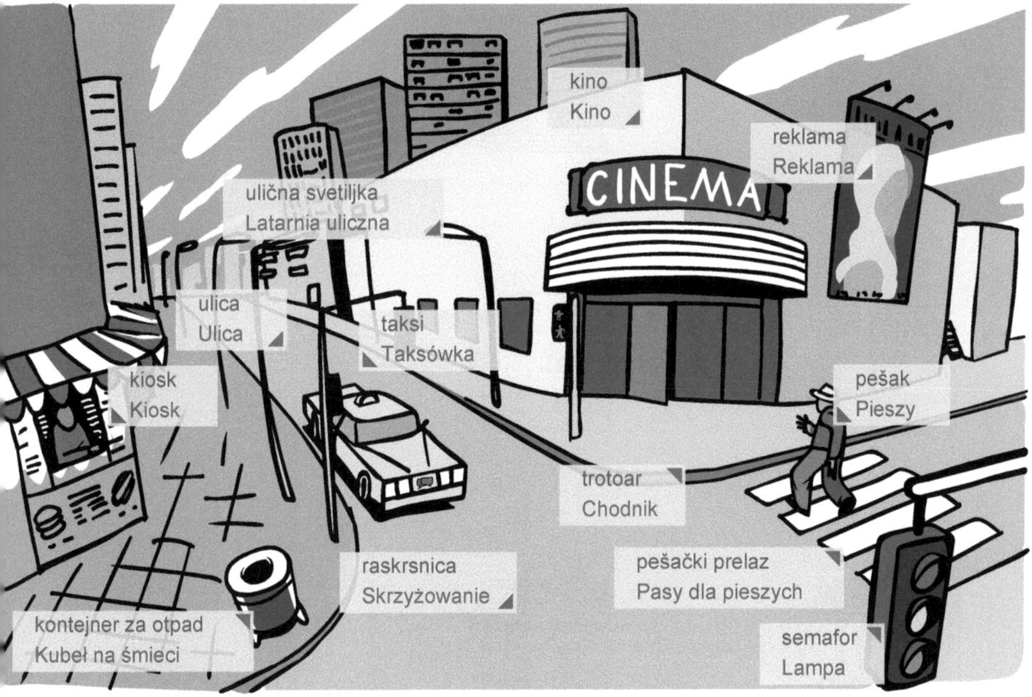

kino
Kino

reklama
Reklama

ulična svetiljka
Latarnia uliczna

ulica
Ulica

taksi
Taksówka

CINEMA

kiosk
Kíosk

pešak
Pieszy

trotoar
Chodnik

raskrsnica
Skrzyżowanie

pešački prelaz
Pasy dla pieszych

kontejner za otpad
Kubeł na śmieci

semafor
Lampa

koliba
....
Chata

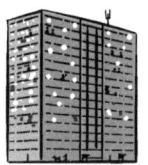

stan
....
Mieszkanie

železnička stanica
....
Dworzec

većnica
....
Ratusz

muzej
....
Muzeum

škola
....
Szkoła

univerzitet

Uniwersytet

banka

Bank

bolnica

Szpital

hotel

Hotel

apoteka

Apteka

kancelarija

Biuro

knjižara

Księgarnia

prodavnica

Sklep

cvećara

Kwiaciarnia

supermarket

Supermarket

trg

Rynek

robna kuća

Dom towarowy

ribarnica

Sklep z rybami

trgovački centar

Centrum handlowe

luka

Port

park
Park

klupa
Ławka

most
Most

stepenice
Schody

podzemna železnica
Metro

tunel
Tunel

autobuska stanica
Przystanek autobusowy

bar
Bar

restoran
Restauracja

poštansko sanduče
Skrzynka na listy

ulični znak
Tabliczka z nazwą ulicy

parkirni automat
Parkometr

zoološki vrt
Zoo

bazen
Łaźnia

džamija
Meczet

seosko gazdinstvo

Gospodarstwo chłopskie

zagađenje okoline

Zanieczyszczenie środowiska

groblje

Cmentarz

crkva

Kościół

igralište

Plac zabaw

hram

Świątynia

pejsaž
Krajobraz

list
Liść

putokaz
Drogowskaz

put
Droga

livada
Łąka

kamen
Kamień

drvo
Drzewo

šetač
Wędrowiec

reka
Rzeka

trava
Trawa

cvijet
Kwiat

dolina
Dolina

planina
Góra

jezero
Jezioro

šuma
Las

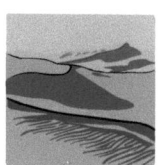

pustinja
Pustynia

vulkan
Wulkan

dvorac
Zamek

duga
Tęcza

gljiva
Grzyb

palma
Palma

moskito
Komar

muva
Mucha

mrav
Mrówka

pčela
Pszczoła

pauk
Pająk

buba
Chrząszcz

žaba
Żaba

veverica
Wiewiórka

jež
Jeż

zec
Zając

sova
Sowa

ptica
Ptak

labud
Łabędź

divlja svinja
Dzik

jelen
Jeleń

los
Łoś

nasip
Tama

vetrenjača
Wiatrak

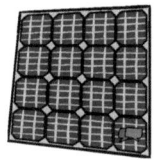

solarna ploča
Moduł solarny

klima
Klimat

restoran
Restauracja

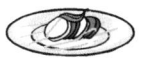

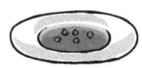

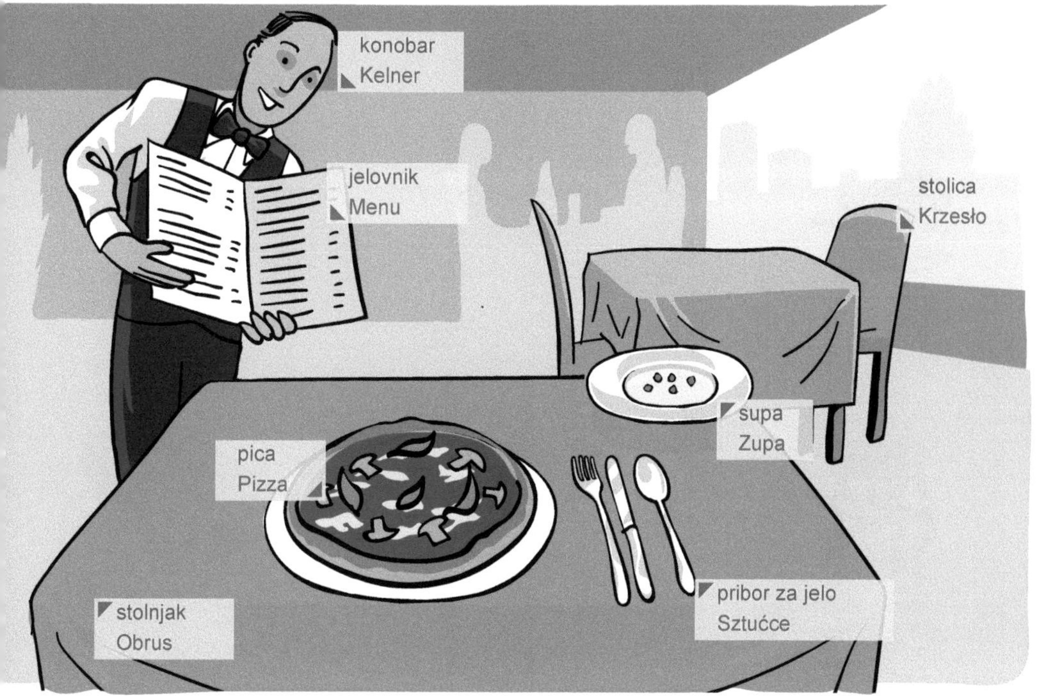
konobar
Kelner
jelovnik
Menu
stolica
Krzesło
supa
Zupa
pica
Pizza
stolnjak
Obrus
pribor za jelo
Sztućce

predjelo

Przystawka

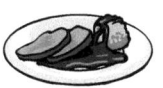

glavno jelo

Danie główne

desert

Deser

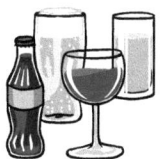

napitci

Napoje

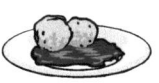

jelo

Jedzenie

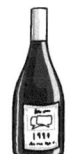

flaša

Butelka

brza hrana

Fastfood

imbis hrana

Streetfood

čajnik

Dzbanek na herbatę

doza za šećer

Cukierniczka

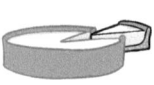

porcija

Porcja

aparat za espresso

Zaparzarka do espresso

visoka stolica

Krzesło dla dziecka

račun

Rachunek

poslužavnik

Taca

nož

Nóż

viljuška

Widelec

kašika

Łyżka

čajna kašika

Łyżeczka

salveta

Serwetka

čaša

Szklanka

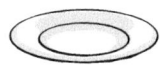

tanjir

Talerz

tanjir za supu

Talerz do zupy

tanjirić

Podstawek pod filiżankę

sos

Sos

soljenka

Solniczka

mlin za biber

Młynek do pieprzu

sirće

Ocet

ulje

Olej

začini

Przyprawy

kečap

Keczup

senf

Musztarda

majoneza

Majonez

supermarket
Supermarket

ponuda
Oferta
FOR
kupac
Klient
mlečni proizvodi
Produkty mleczne
voće
Owoce
kolica za kupovinu
Wózek sklepowy

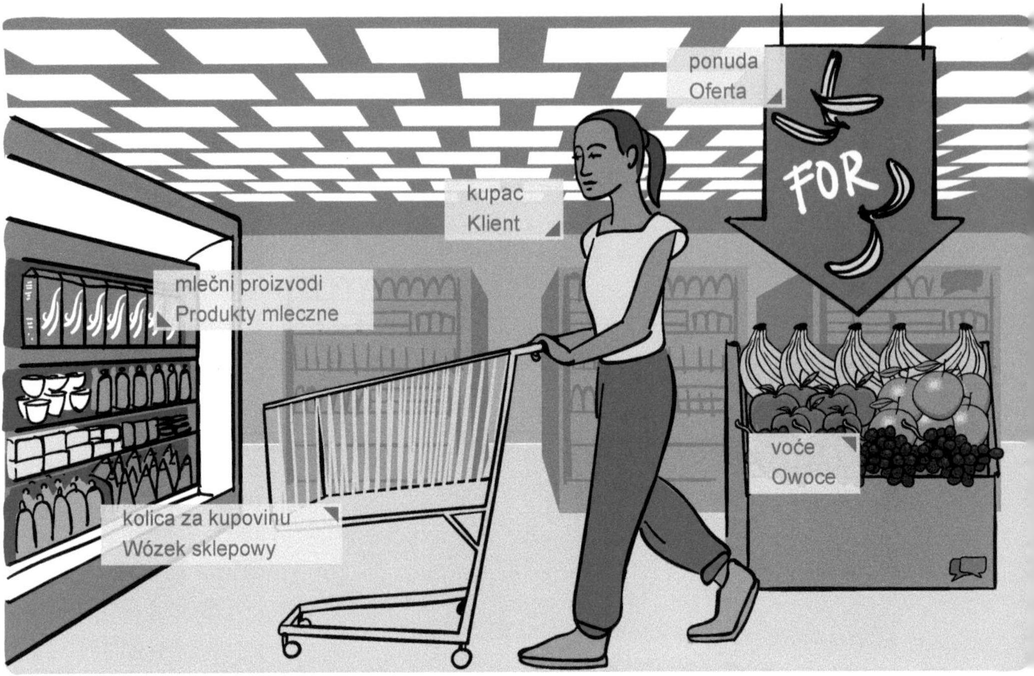

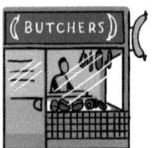

BUTCHERS

mesnica

Rzeźnia

BAKERY

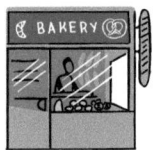

pekara

Piekarnia

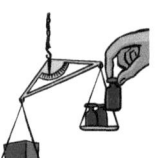

vagati

ważyć

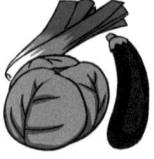

povrće

Warzywa

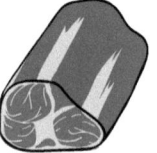

meso

Mięso

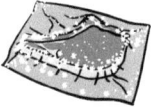

smrznuta hrana

Mrożonki

narezak
Wędliny

konzerve
Konserwy

sredstvo za pranje
Proszek m do prania

slatkiši
Słodycze

artikli za domaćinstvo
Artykuły użytku domowego

sredstva za čišćenje
Środek czyszczący

prodavačica
Sprzedawczyni

blagajna
Kasa

blagajnik
Kasjer

lista za kupovinu
Lista zakupów

vreme rada
Godziny otwarcia

novčanik
Portfel

kreditna kartica
Karta kredytowa

torba
Torba

plastična kesa
Torebka plastikowa

voda

Woda

sok

Sok

mleko

Mleko

kola

Cola

vino

Wino

pivo

Piwo

alkohol

Alkohol

kakao

Kakao

čaj

Herbata

kava

Kawa

espresso

Espresso

cappuccino

Cappuccino

banana
....
Banan

jabuka
....
Jabłko

narandža
....
Pomarańcza

lubenica
....
Arbuz

limun
....
Cytryna

šargarepa
....
Marchew

beli luk
....
Czosnek

bambus
....
Bambus

luk
....
Cebula

gljiva
....
Grzyb

orašasti plodovi
....
Orzechy

rezanci
....
Makaron

špagete

Spaghetti

riža

Ryż

salata

Sałatka

pomfrit

Frytki

pečeni krumpir

Ziemniaki pieczone

pica

Pizza

hamburger

Hamburger

sendvič

Kanapka

šnicla

Sznycel

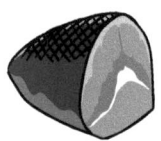

šunka

Szynka

salama

Salami

kobasica

Kiełbasa

kokoš

Kura

pečenje

Pieczeń

riba

Ryba

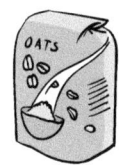

zobene pahuljice

Płatki owsiane

musli

Musli

kukuruzne pahuljice

Płatki kukurydziane

brašno

Mąka

kroasan

Croissant

pecivo

Bułka

hleb

Chleb

toast

Toast

keksi

Ciastka

maslac

Masło

sveži sir

Twarożek

kolač

Ciasto

jaje

Jajko

jaje na oko

Jajko sadzone

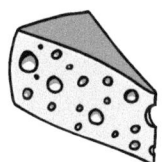

sir

Ser

sladoled
Lody

šećer
Cukier

med
Miód

marmelada
Marmolada

nugat krema
Krem nugatowy

kari
Curry

seosko gazdinstvo

Gospodarstwo chłopskie

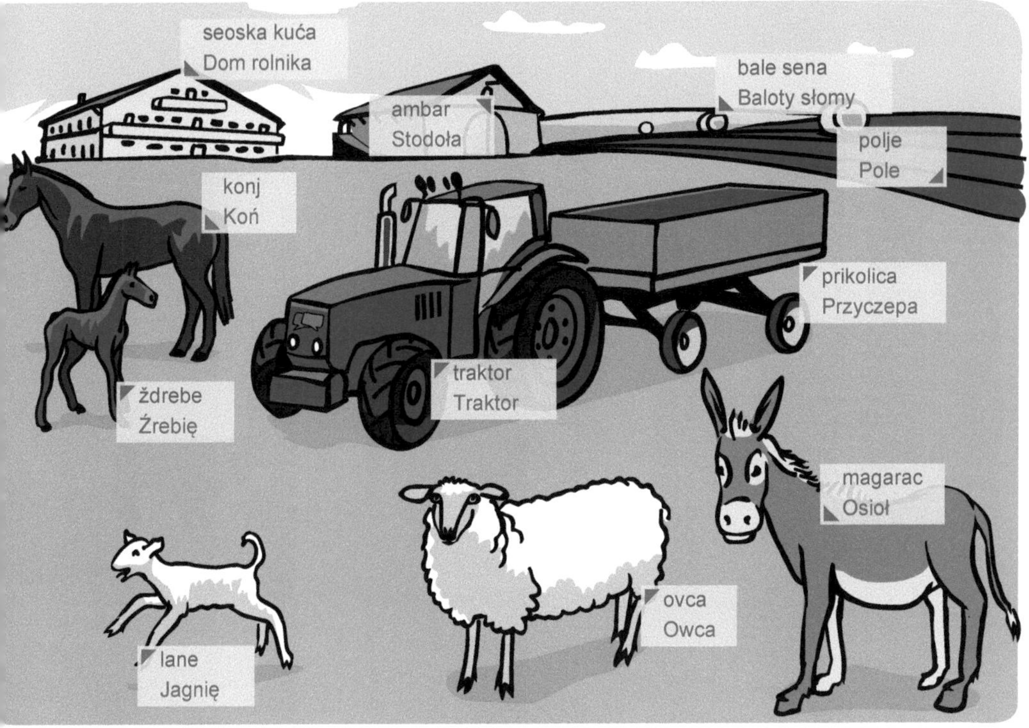

seoska kuća
Dom rolnika
ambar
Stodoła
bale sena
Baloty słomy
polje
Pole
konj
Koń
prikolica
Przyczepa
traktor
Traktor
ždrebe
Źrebię
magarac
Osioł
ovca
Owca
lane
Jagnię

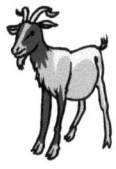

koza

Koza

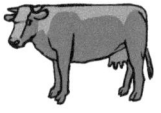

krava

Krowa

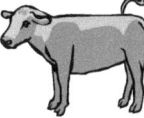

tele

Cielę

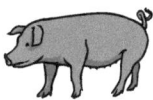

svinja

Świnia

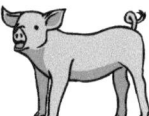

prase

Prosię

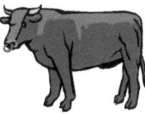

bik

Byk

guska

Gęś

patka

Kaczka

pilići

Kurczątko

kokoš

Kura

petao

Kogut

pacov

Szczur

mačka

Kot

miš

Mysz

vol

Osioł

pas

Pies

kućica za psa

Buda dla psa

vrtno crevo

Wąż ogrodowy

kanta za polivanje

Konewka

kosa

Kosa

plug

Pług

srp
....
Sierp

motika
....
Graca

viljuška za đubrivo
....
Widły

sekira
....
Siekiera

tačke
....
Taczka

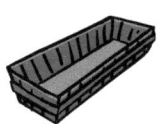

korito
....
Koryto

posuda za mleko
....
Kanka na mleko

vreća
....
Worek

ograda
....
Płot

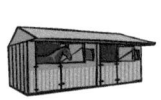

štala
....
Stajnia

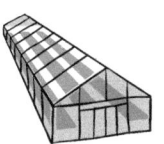

staklenik
....
Szklarnia

zemlja
....
Ziemia

seme
....
Nasiona

đubrivo
....
Nawóz

kombajn
....
Kombajn zbożowy

žeti
....
zbierać

žetva
....
Žniwa

jams začin
....
Podchrzyn

pšenica
....
Pszenica

soja
....
Soja

krumpir
....
Ziemniak

kukuruz
....
Kukurydza

uljana repica
....
Rzepak

voćka
....
Drzewo owocowe

gomolj manioke
....
Maniok

žitarice
....
Zboże

kuća
Dom

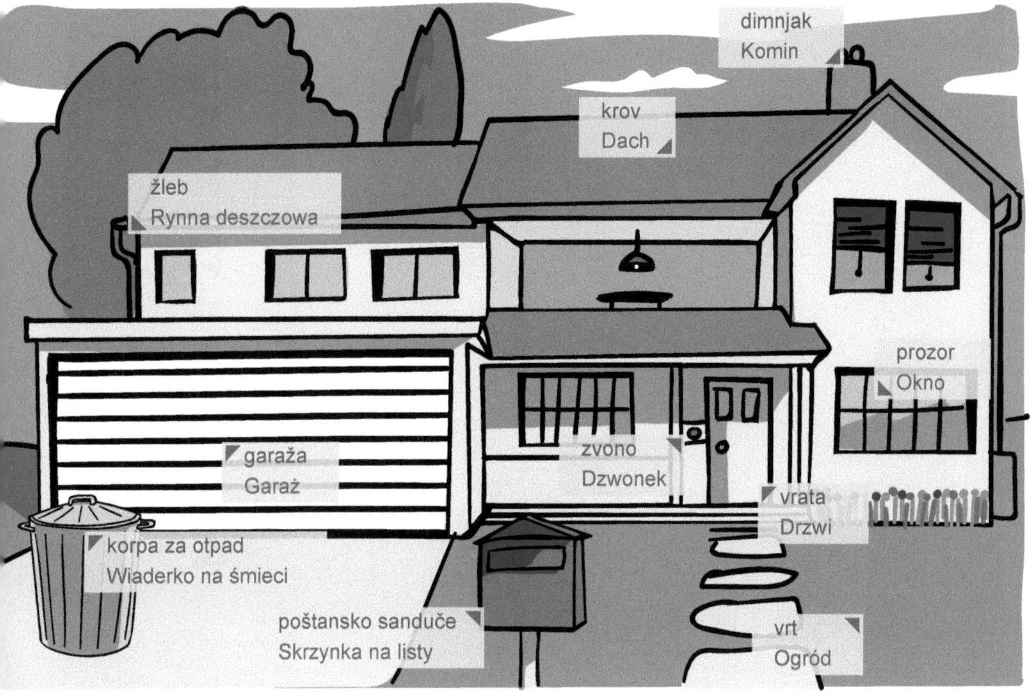
dimnjak
Komin
krov
Dach
žleb
Rynna deszczowa
prozor
Okno
garaža
Garaż
zvono
Dzwonek
vrata
Drzwi
korpa za otpad
Wiaderko na śmieci
poštansko sanduče
Skrzynka na listy
vrt
Ogród

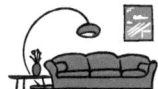

dnevna soba

Pokój dzienny

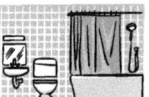

kupaonica

Łazienka

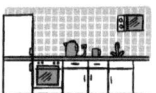

kuhinja

Kuchnia

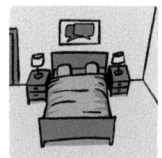

spavaća soba

Sypialnia

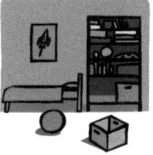

dečija soba

Pokój dziecięcy

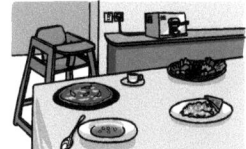

trpezarija

Jadalnia

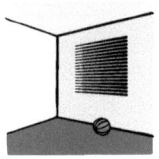

pod
Ziemia

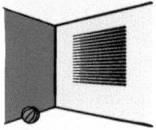

zid
Ściana

strop
Koc

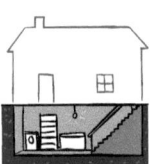

podrum
Piwnica

sauna
Sauna

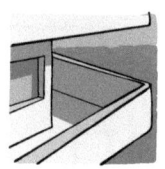

balkon
Balkon

terasa
Taras

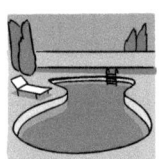

bazen
Basen

kosilica za travu
Kosiarka do trawy

posteljina za krevet
Poszwa

deka za krevet
Kołdra

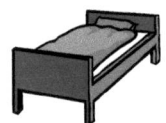

krevet
Łóżko

metla
Miotła

kanta
Wiadro

prekidač
Włącznik

dnevna soba
Pokój dzienny

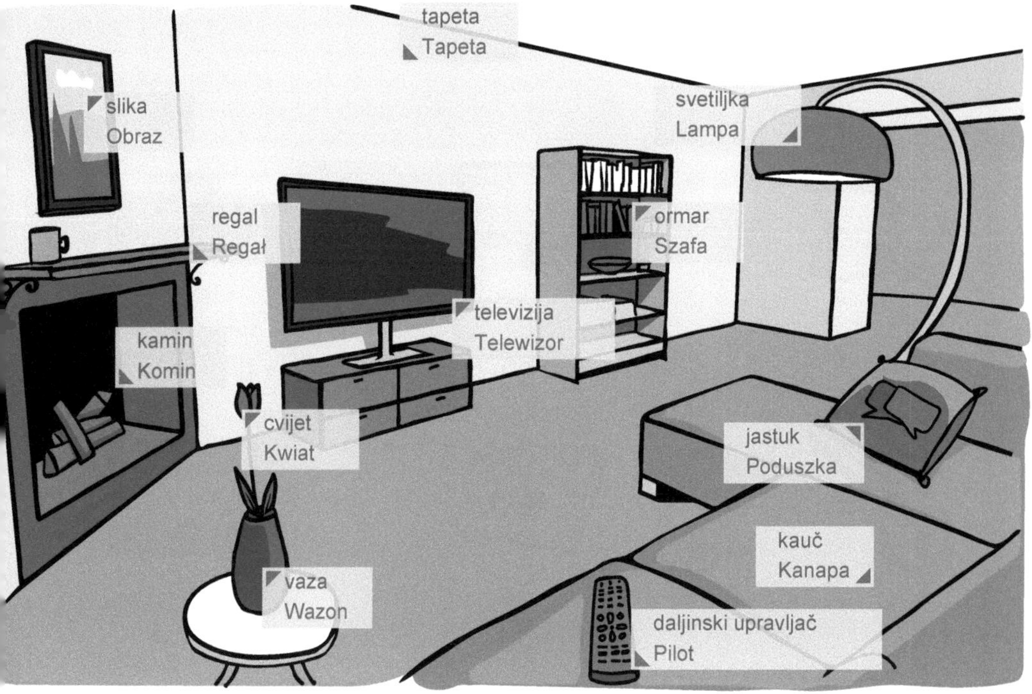
tapeta
Tapeta
slika
Obraz
svetiljka
Lampa
regal
Regał
ormar
Szafa
televizija
Telewizor
kamin
Komin
cvijet
Kwiat
jastuk
Poduszka
kauč
Kanapa
vaza
Wazon
daljinski upravljač
Pilot

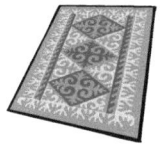

tepih

Dywan

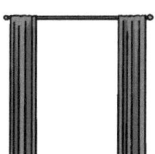

zavesa

Zasłona

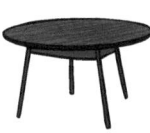

sto

Stół

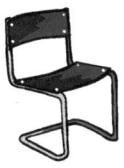

stolica

Krzesło

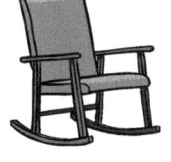

stolica za njihanje

Bujak

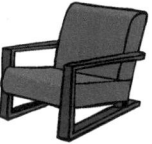

fotelja

Fotel

knjiga

Książka

deka

Sufit

dekoracija

Dekoracja

drvo za ogrev

Drewno kominkowe

film

Film

hi-fi uređaj

Instalacja stereo

ključ

Klucz

novine

Gazeta

slika na platnu

Malunek

poster

Plakat

radio

Radio

blok za pisanje

Notatnik

usisivač

Odkurzacz

kaktus

Kaktus

sveća

Świeczka

kuhinja
Kuchnia

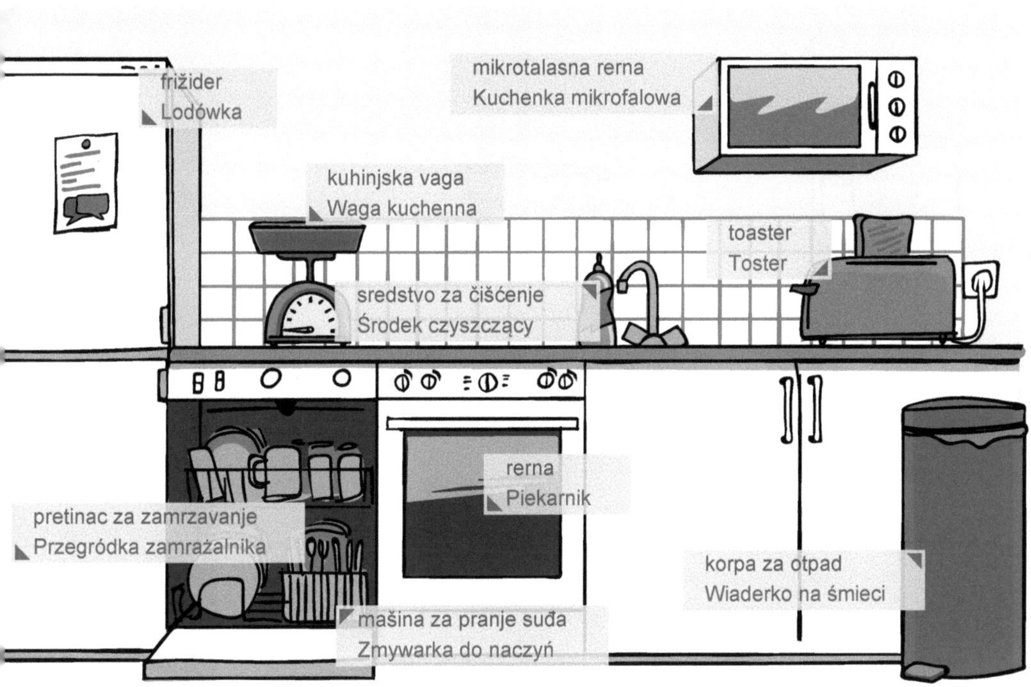
frižider
Lodówka
mikrotalasna rerna
Kuchenka mikrofalowa
kuhinjska vaga
Waga kuchenna
toaster
Toster
sredstvo za čišćenje
Środek czyszczący
rerna
Piekarnik
pretinac za zamrzavanje
Przegródka zamrażalnika
korpa za otpad
Wiaderko na śmieci
mašina za pranje suđa
Zmywarka do naczyń

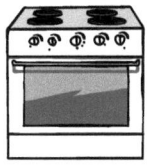

šporet

Kuchenka

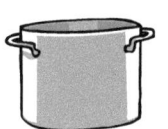

lonac

Garnek

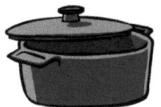

gvozdeni lonac

Kocioł żeliwny

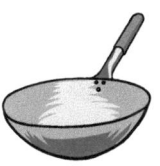

wok / kadai

Wok / Kadai

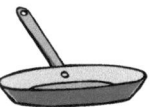

tava

Patelnia

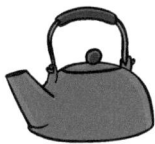

kuvalo za vodu

Czajnik

kuvalo na paru

Parowar

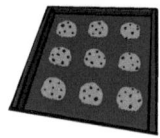

lim za pečenje

Blacha do pieczenia

posuđe

Naczynia kuchenne

čaša

Kubek

posuda

Miska

štapići za jelo

Pałeczki

kutlača

Nabierka

lopatica

Łopatka do smażenia

penjača

Trzepaczka do śmietany

sito za kuvanje

Cedzak

sito

Sitko

ribež

Tarka

mužar

Moździerz

roštilj

Grillowanie

ognjište

Palenisko

daska
Deska

oklagija
Wałek do ciasta

vadičep
Korkociąg

konzerva
Puszka

otvarač konzervi
Otwieracz do puszek

krpa za lonac
Ściereczka do trzymania
garnka

sudoper
Umywalka

četka
Szczotka

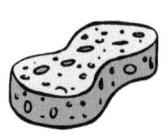

sunđer
Gąbka

mikser
Mikser

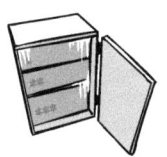

zamrzivač
Zamrażarka

flašica za bebe
Butelka dla niemowlęcia

slavina za vodu
Kran

kupaonica
Łazienka

grejanje
Ogrzewanie
peškir
Ręcznik
tuš
Prysznic
zavesa za tuš
Kotara prysznicowa
penušava kupka
Płyn do kąpieli
kada
Wanna kąpielowa
čaša
Szklanka
mašina za pranje veša
Pralka
slavina za vodu
Kran
pločice
Kafelki
tuta
Nocnik
sudoper
Umywalka

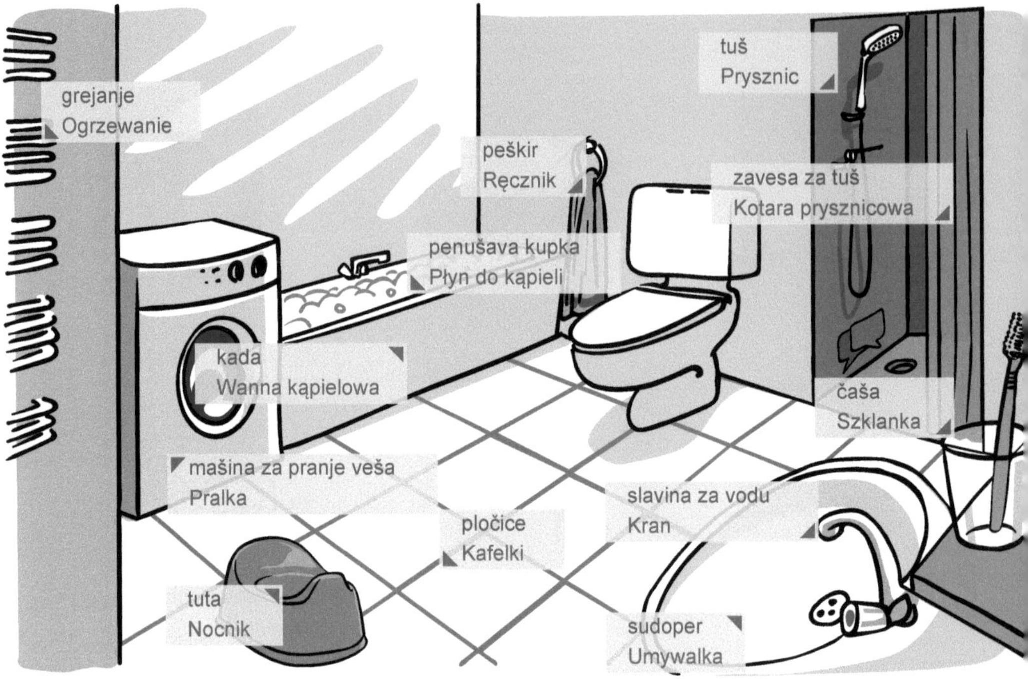

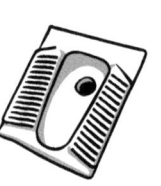

toalet
Toaleta

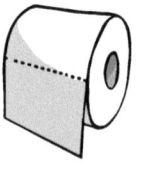

čučavac
Toaleta kuczna

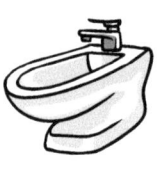

bidet
Bidet

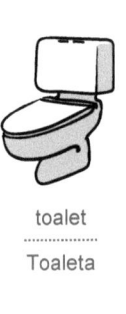

pisoar
Pisuar

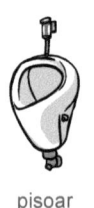

toaletni papir
Papier toaletowy

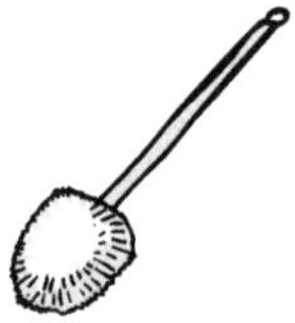

četka za toalet
Szczotka toaletowa

četkica za zube

Szczoteczka do zębów

pasta za zube

Pasta do zębów

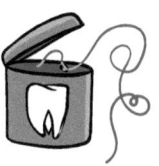

konac za zube

Nitki do czyszczenia zębów

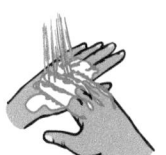

prati

myć

tuš ručica

Głowica prysznicowa

tuš za pranje intimnih delova

Płyn kąpielowy do higieny intymnej

lavor

Miska do mycia

četka za pranje leđa

Szczotka kąpielowa

sapun

Mydło

gel za tuširanje

Żel prysznicowy

šampon

Szampon

krpa za pranje

Rękawica kąpielowa

odvod

Odpływ

krema

Krem

dezodorans

Dezodorant

ogledalo

Lustro

kozmetičko ogledalo

Lustro kosmetyczne

brijač

Golarka

pena za brijanje

Pianka do golenia

losion za posle brijanja

Woda po goleniu

češalj

Grzebień

četka

Szczotka

fen za kosu

Suszarka do włosów

sprej za kosu

Spray do włosów

makeup

Makijaż

ruž za usne

Pomadka

lak za nokte

Lakier do paznokci

vata

Wata

makaze za nokte

Nożyczki do paznokci

parfem

Perfum

kozmetička torbica

Kosmetyczka

stolica

Taboret

vaga

Waga

ogrtač

Szlafrok kąpielowy

rukavice za čišćenje

Rękawice gumowe

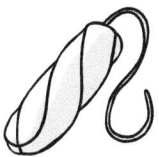

tampon

Tampon

uložak

Podpaska damska

hemijski toalet

Toaleta chemiczna

dečija soba
Pokój dziecięcy

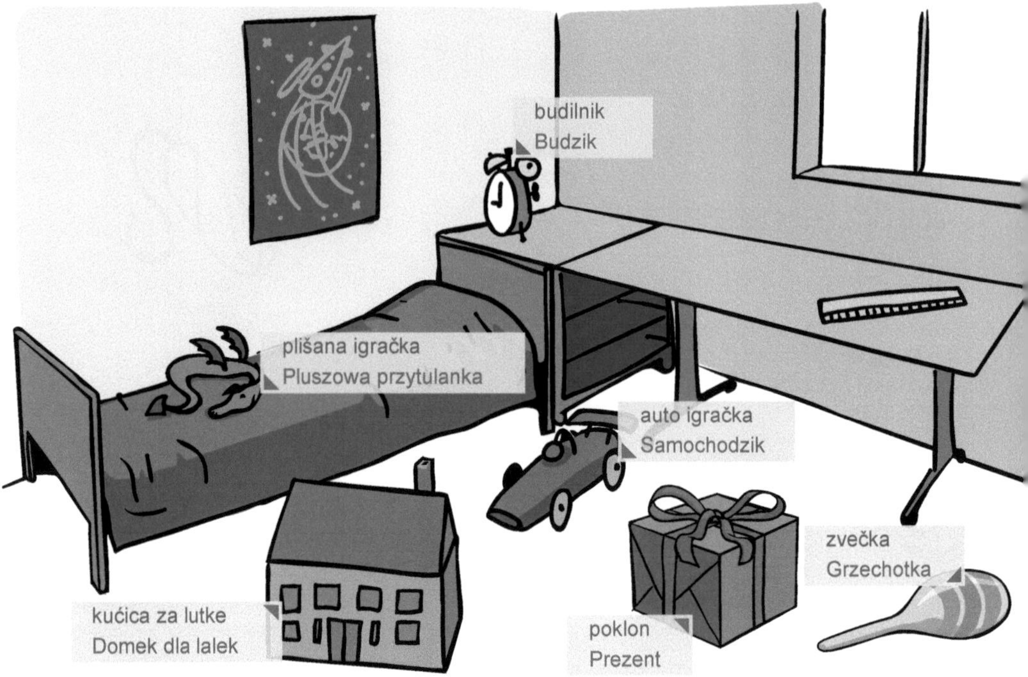
budilnik
Budzik
plišana igračka
Pluszowa przytulanka
auto igračka
Samochodzik
zvečka
Grzechotka
kućica za lutke
Domek dla lalek
poklon
Prezent

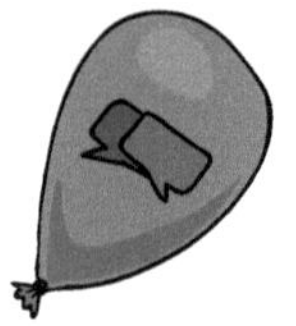

balon
Balon

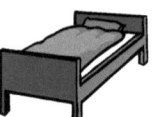

krevet
Łóżko

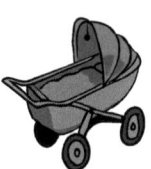

dječija kolica
Wózek dziecięcy

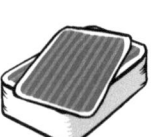

igra s kartama
Gra w karty

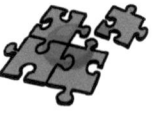

slagalica
Puzzle

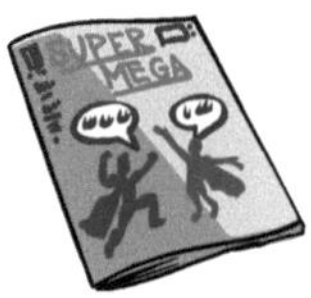

strip
Komiks

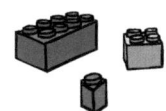

lego kockice

Klocki lego

kockice za slaganje

Klocki

akcioni junak

Action figura

benkica za bebe

Śpioszek dziecięcy

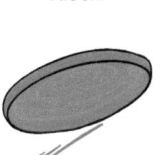

frizbi

Frisbee

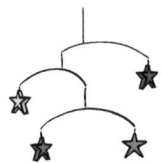

viseće igračke

Zabawki ruchome

društvene igre

Gra planszowa

kocka

Kości

minijaturna željeznica

Kolejka elektryczna

duda

Smoczek

zabava

Przyjęcie

slikovnica

Książka z ilustracjami

lopta

Piłka

lutka

Lalka

igrati

bawić się

pješčanik

Piaskownica

ljuljačka

Huśtawka

igračka

Zabawki

konzola za igre

Konsola do gier

tricikl

Rowerek trójkołowy

tedi

Pluszowy miś

ormar

Szafa ubraniowa

kratke čarape

Skarpety

čarape

Pończochy

hulahopke

Rajstopy

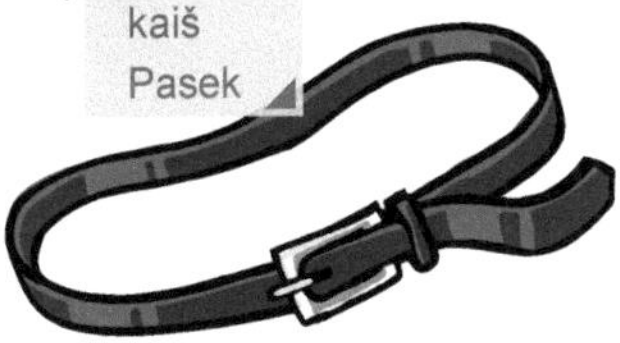

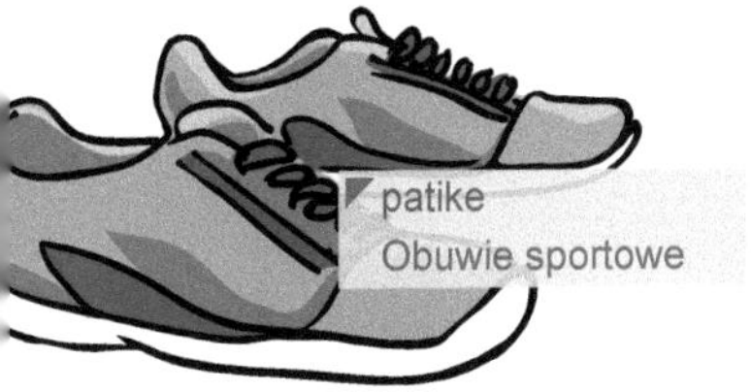

šal
Szal

kišobran
Parasol

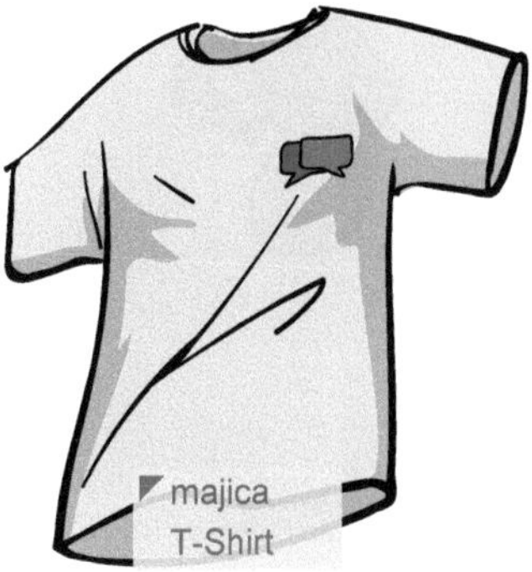

kaiš
Pasek

majica
T-Shirt

papuče
Pantofle domowe

čizme
Kozaki

patike
Obuwie sportowe

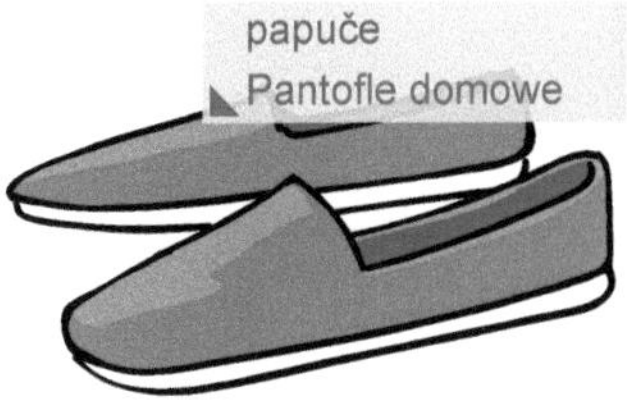

sandale
....
Sandały

cipele
....
Buty

gumene čizme
....
Kalosze

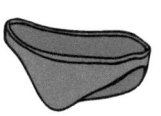

gaćice
....
Majtki

grudnjak
....
Biustonosz

potkošulja
....
Podkoszulek

bodi
Body

pantalone
Spodnie

farmerke
Dżins

suknja
Spódnica

bluza
Bluzka

košulja
Koszula

džemper
Pulower

džemper s kapuljačom
Bluza sportowa

sako
Marynarka

jakna
Kurtka

kaput
Płaszcz

kabanica
Płaszcz przeciwdeszczowy

kostim
Kostium

haljina
Sukienka

venčanica
Suknia ślubna

odelo

Garnitur męski

spavaćica

Koszula nocna

pidžama

Piżama

sari

Sari

marama za glavu

Chusta na głowę

turban

Turban

burka

Burka

kaftan

Kaftan

abaja

Abaya

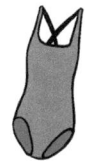

kupaći kostim

Strój kąpielowy

kupaće gaćice

Kąpielówki

kratke pantalone

Krótkie spodnie

odeća za trening

Dres sportowy

kecelja

Fartuch

rukavice

Rękawiczki

dugme

Guzik

naočare

Okulary

narukvica

Bransoletka

ogrlica

Łańcuszek

prsten

Pierścionek

naušnica

Kolczyk

kapa

Czapka

vešalica

Wieszak

šešir

Kapelusz

kravata

Krawat

patent zatvarač

Zamek błyskawiczny

kaciga

Kask

naramenice

Szelki

školska uniforma

Mundurek szkolny

uniforma

Mundur

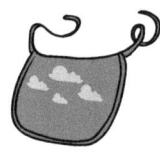

podbradak

Śliniaczek

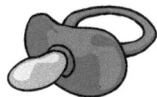

duda

Smoczek

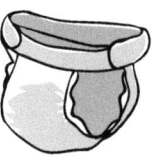

pelena

Pieluszka

kancelarija
Biuro

server
Serwer
ormar za spise
Szafa na akta
papir
Papier
štampač
Drukarka
monitor
Monitor
pisaći stol
Biurko
miš
Mysz
mapa
Segregator
tastatura
Klawiatura
košara za papir
Kosz na odpadki
kompjuter
Komputer
stolica
Krzesło

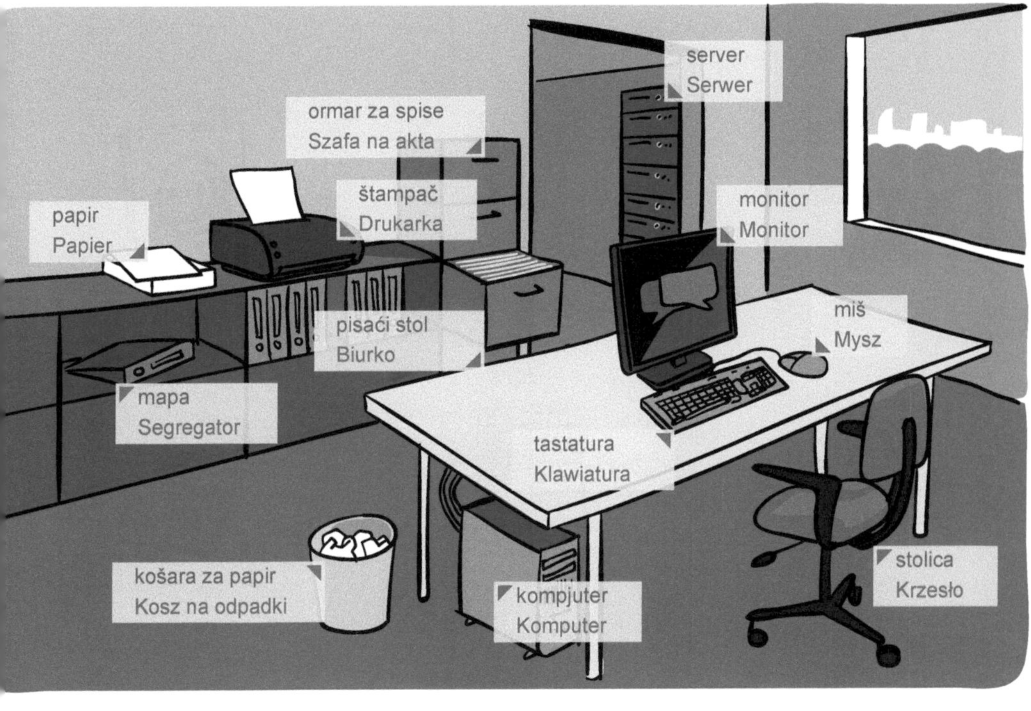

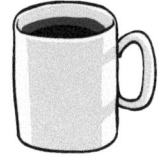

šalica za kavu

Filiżanka do kawy

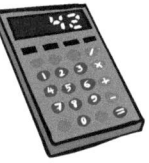

kalkulator

Kalkulator

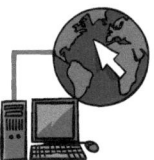

internet

Internet

laptop
Laptop

pismo
List

poruka
Wiadomość

mobilni telefon
Komórka

mreža
Sieć

uređaj za kopiranje
Kopiarka

softver
Oprogramowanie

telefon
Telefon

utičnica
Gniazdko

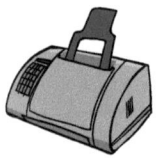

faks
Faks

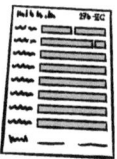

formular
Formularz

dokument
Dokument

kupovati

kupić

platiti

płacić

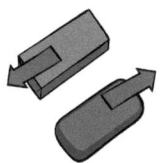

trgovati

postępować

novac

Pieniądze

dolar

Dolar

evro

Euro

jen

Jen

rublja

Rubel

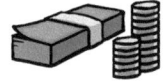

švajcarski franak

Frank

renmindbi juan

Juan Renminbi

rupija

Rupia

automat za novac

Bankomat

menjačnica

Kantor wymiany walut

zlato

Złoto

srebro

Srebro

nafta

Olej

energija

Energia

cena

Cena

ugovor

Umowa

porez

Podatek

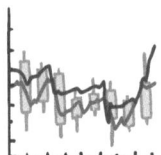

deonica

Akcja

raditi

pracować

službenik

Pracownik umysłowy

poslodavac

Pracodawca

fabrika

Fabryka

prodavnica

Sklep

zanimanja
Zawody

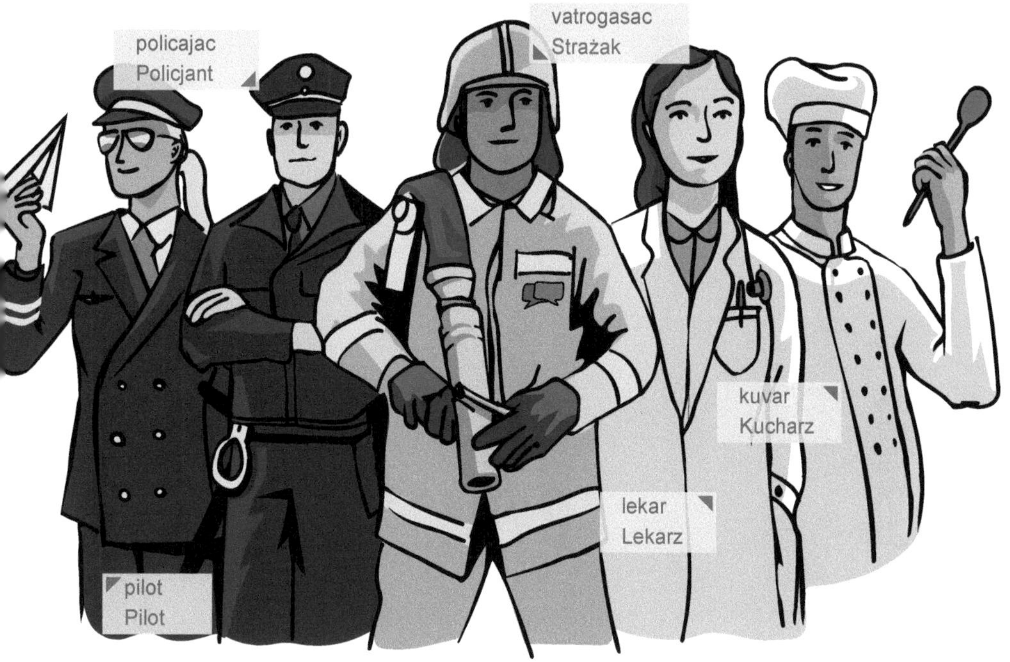

policajac
Policjant
vatrogasac
Strażak
kuvar
Kucharz
lekar
Lekarz
pilot
Pilot

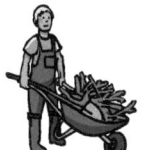

vrtlar

Ogrodnik

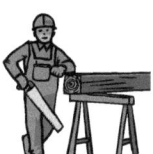

stolar

Stolarz

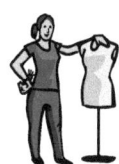

krojačica

Krawcowa

sudija

Sędzia

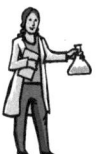

hemičar

Chemik

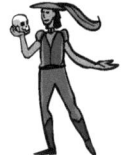

glumac

Aktor

vozač autobusa

Kierowca autobusu

vozač taksija

Taksówkarz

ribar

Fischer

čistačica

Sprzątaczka

krovopokrivač

Dekarz

konobar

Kelner

lovac

Myśliwy

slikar

Malarz

pekar

Piekarz

električar

Elektryk

građevinski radnik

Robotnik budowlany

inženjer

Inżynier

mesar

Rzeźnik

limar

Instalator

poštar

Listonosz

vojnik

Żołnierz

arhitekta

Architekt

blagajnik

Kasjer

cvećar

Florysta

frizer

Fryzjer

kondukter

Konduktor

mehaničar

Mechanik

kapetan

Kapitan

zubar

Dentysta

naučnik

Naukowiec

rabi

Rabin

imam

Imam

monah

Mnich

svećenik

Proboszcz

alati
Narzędzia

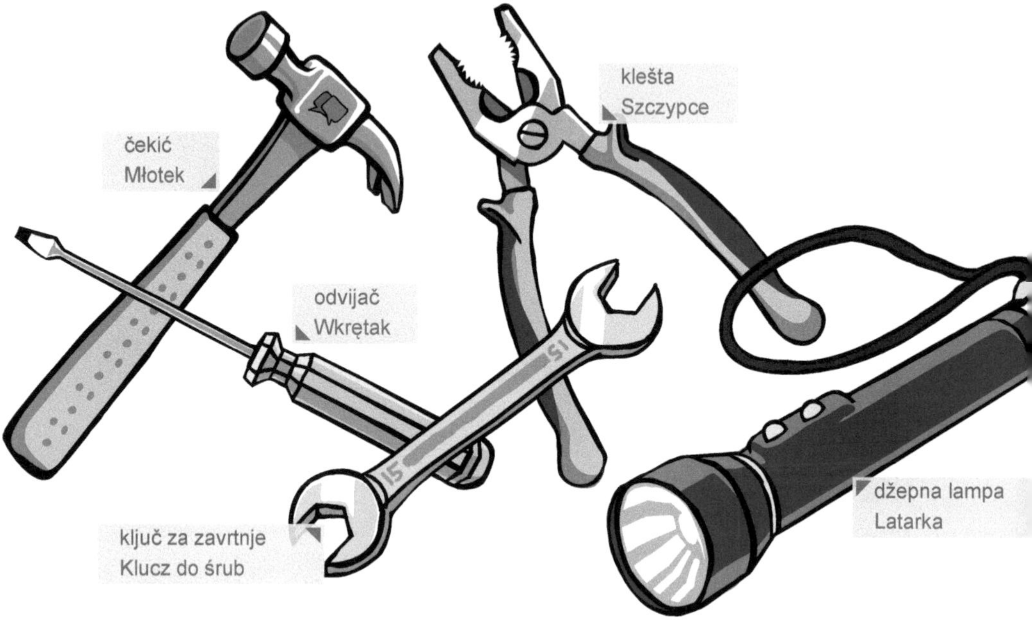

čekić
Młotek
klešta
Szczypce
odvijač
Wkrętak
ključ za zavrtnje
Klucz do śrub
džepna lampa
Latarka

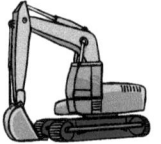

bager

Koparka

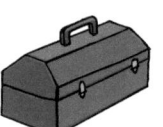

kutija za alat

Skrzynka narzędziowa

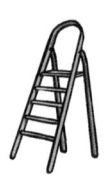

merdevine

Drabina

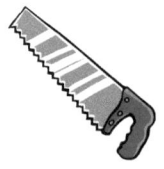

pila

Piła

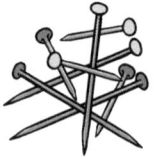

ekser

Gwoździe

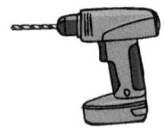

bušilica

Wiertło

popraviti

naprawić

lopata

Łopatka

do đavola!

Cholera!

lopatica

Szufelka

lonac za boju

Puszka z farbą

zavrtanji

Śruby

muzički instrument
Instrumenty muzyczne

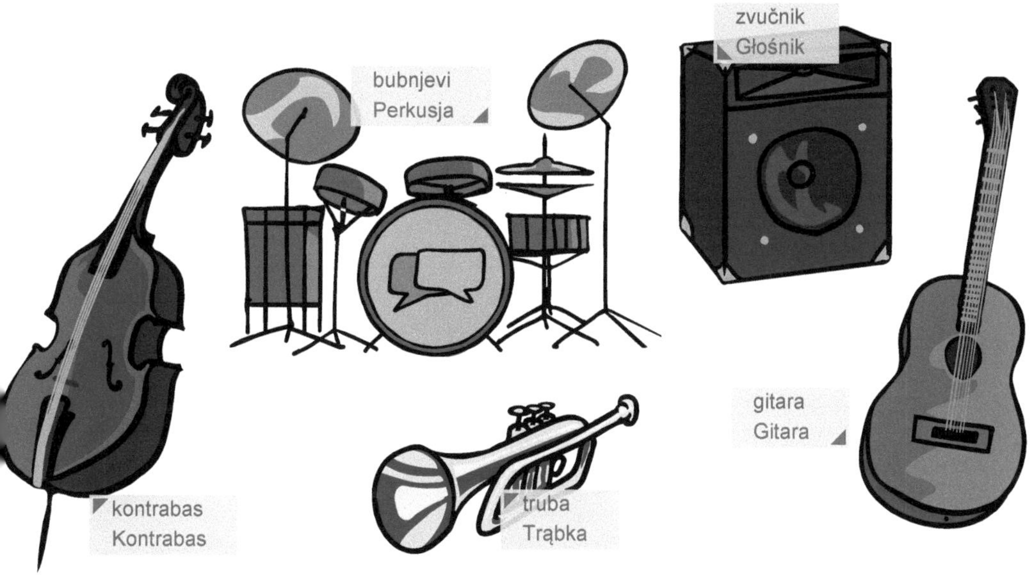

bubnjevi
Perkusja

zvučnik
Głośnik

kontrabas
Kontrabas

truba
Trąbka

gitara
Gitara

klavir	violina	bas
Pianino	Skrzypce	Bas

timpani	udaraljke za bubnjeve	tipke klavira
Kotły	Bęben	Keyboard

saksofon	flauta	mikrofon
Saksofon	Flet	Mikrofon

zoološki vrt
Zoo

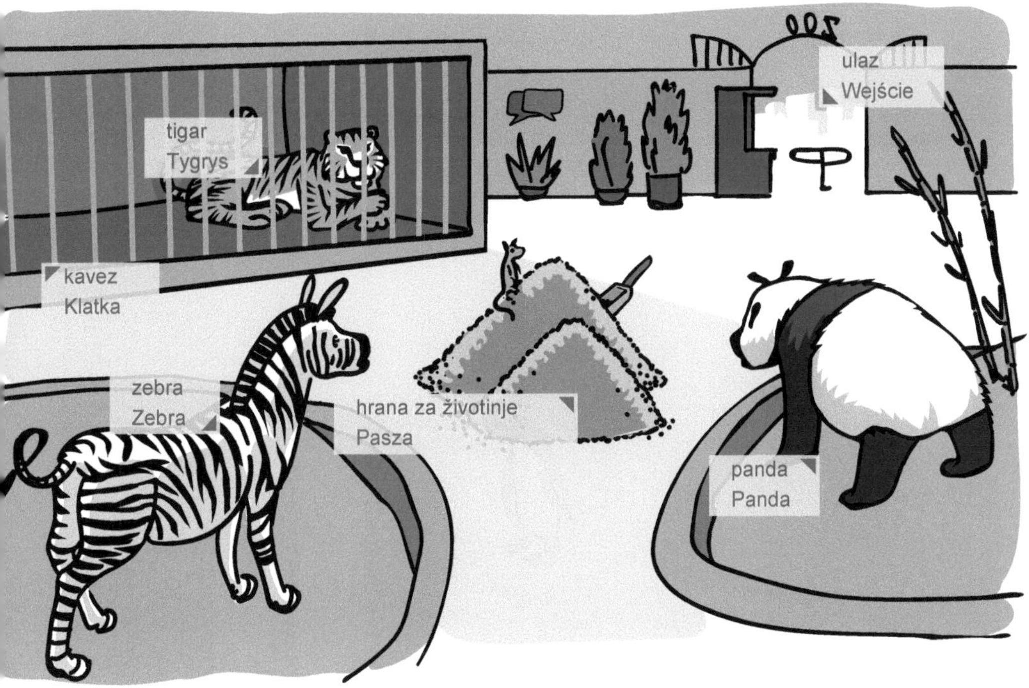
ulaz
Wejście
tigar
Tygrys
kavez
Klatka
zebra
Zebra
hrana za životinje
Pasza
panda
Panda

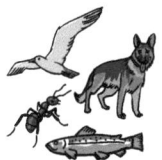

životinje

Zwierzęta

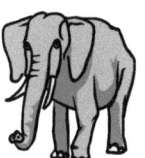

slon

Słoń

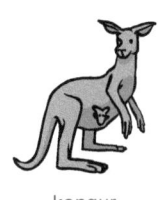

kengur

Kangur

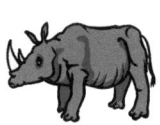

nosorog

Nosorożec

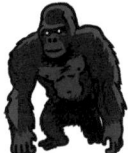

gorila

Goryl

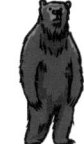

medved

Niedźwiedź

kamila

Wielbłąd

noj

Struś

lav

Lew

majmun

Małpa

flamingo

Fleming

papagaj

Papuga

polarni medved

Niedźwiedź polarny

pingvin

Pingwin

ajkula

Rekin

paun

Paw

zmija

Wąż

krokodil

Krokodyl

čuvar u zoološkom vrtu

Dozorca w zoo

tuljan

Foka

jaguar

Jaguar

poni

Kucyk

leopard

Gepard

nilski konj

Hipopotam

žirafa

Żyrafa

orao

Orzeł

divlja svinja

Dzik

riba

Ryba

kornjača

Żółw

morž

Mors

lisica

Lis

gazela

Gazela

američki nogomet
Futbol amerykański

biciklizam
Kolarstwo

tenis
Tenis

košarka
Koszykówka

plivanje
Pływanie

hokej na ledu
Hokej na lodzie

boks
Boks

fudbal
Piłka nożna

badminton
Badminton

atletika
Lekka atletyka

rukomet
Piłka ręczna

skijanje
Narciarstwo

polo
Polo

aktivnosti
Działania

skočiti
skakać
zagrliti
objąć
smejati se
śmiać się
ići
iść
pevati
śpiewać
sanjati
marzyć
moliti se
modlić się
poljubiti
całować

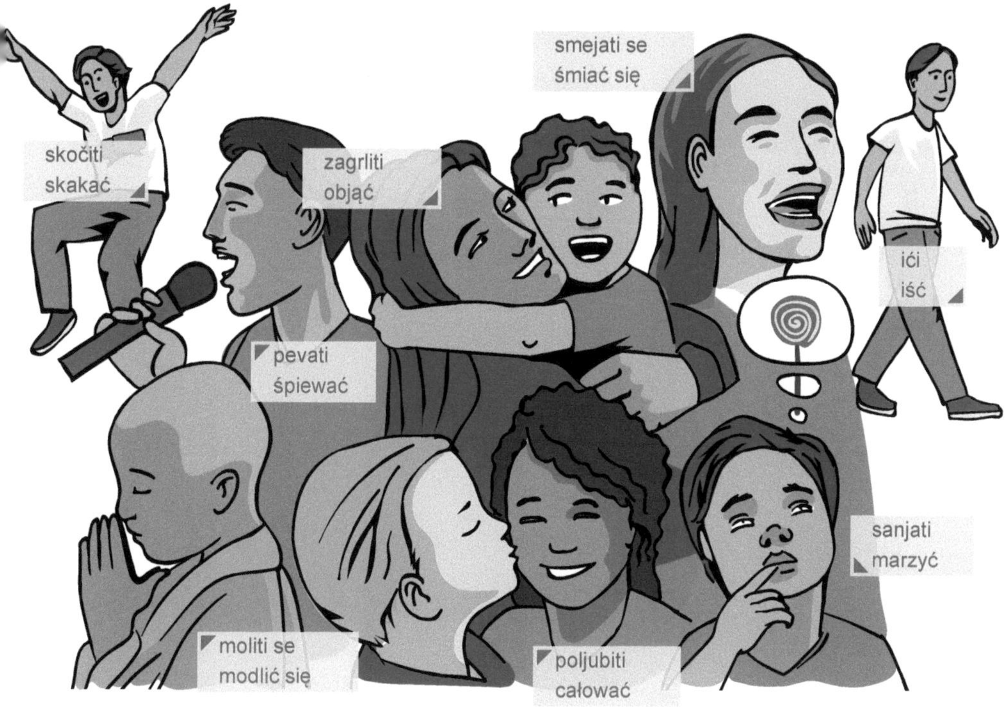

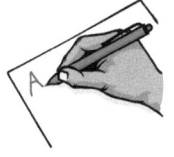

pisati
pisać

crtati
rysować

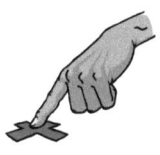

pokazati
pokazywać

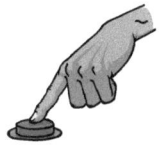

gurati
nacisnąć

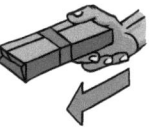

dati
dać

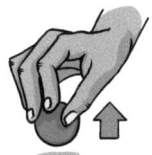

uzeti
wziąć

imati

mieć

činiti

robić

biti

być

stojati

stać

trčati

biegać

povlačiti

ciągnąć

baciti

rzucać

padati

spaść

ležati

leżeć

čekati

czekać

nositi

nosić

sediti

siedzieć

oblačiti

zakładać

spavati

spać

probuditi se

budzić się

gledati
spojrzeć

plakati
płakać

milovati
głaskać

češljati
czesać się

govoriti
mówić

razumeti
rozumieć

pitati
pytać

slušati
słyszeć

piti
pić

jesti
jeść

pospremiti
sprzątać

voleti
kochać

kuhati
gotować

voziti
jechać

leteti
latać

ploviti

żeglować

računati

liczyć

čitati

czytać

učiti

uczyć się

raditi

pracować

venčati se

wejść w związek małżeński

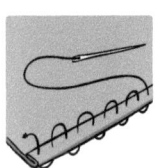

šiti

szyć

prati zube

myć zęby

ubiti

zabić

pušiti

palić tytoń

poslati

wysłać

baka
Babcia

deda
Dziadek

otac
Ojciec

majka
Matka

beba
Niemowlę

kćerka
Córka

sin
Syn

gost

Gość

tetka

Ciotka

ujak, stric

Wujek

brat

Brat

sestra

Siostra

telo

Ciało

čelo
Czoło
oko
Oko
lice
Twarz
brada
Broda
grudi
Pierś
prst
Palec
ruka
Ręka
ruka
Ramię
rame
Ramię
noga
Noga

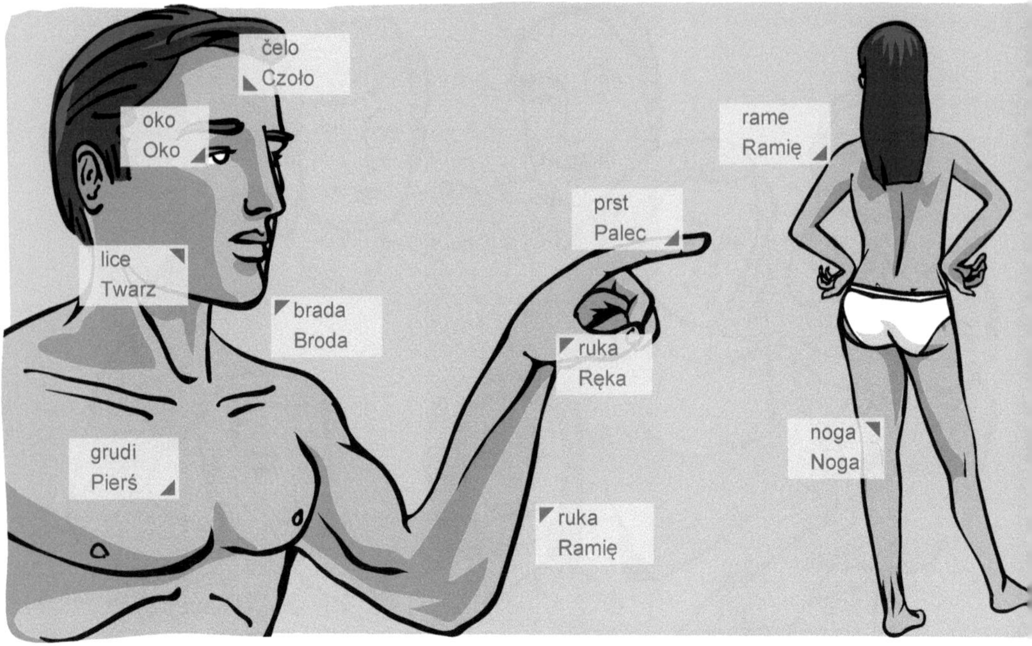

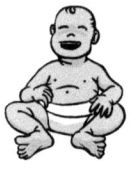

beba

Niemowlę

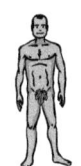

muškarac

Mężczyzna

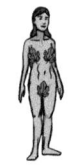

žena

Kobieta

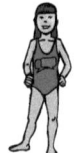

devojčica

Dziewczyna

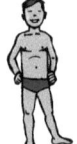

dečak

Chłopiec

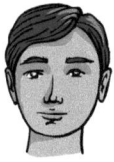

glava

Głowa

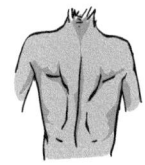

leđa
Plecy

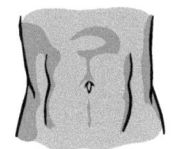

stomak
Brzuch

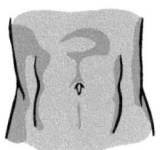

pupak
Pępek

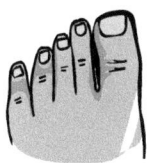

nožni prst
palec nogi

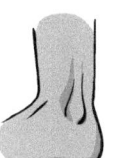

peta
Pięta

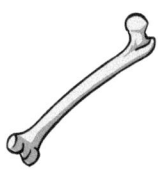

kost
Kość

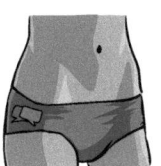

kukovi
Biodro

koleno
Kolano

lakat
Łokieć

nos
Nos

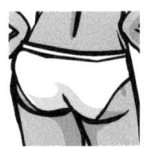

zadnjica
Pośladki

koža
Skóra

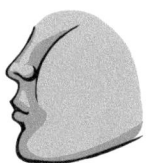

obraz
Policzek

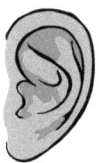

uvo
Uszy

usna
Warga

usta

Usta

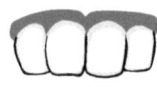

zub

Ząb

jezik

Język

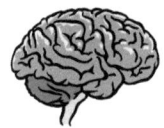

mozak

Mózg

srce

Serce

mišić

Mięsień

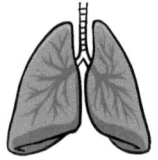

pluća

Płuca

jetra

Wątroba

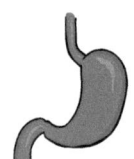

želudac

Żołądek

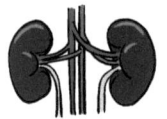

bubrezi

Nerki

polni odnos

Stosunek płciowy

kondom

Kondom

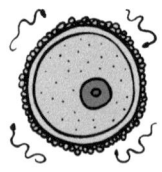

jajna ćelija

Komórka jajowa

sperma

Sperma

trudnoća

Ciąża

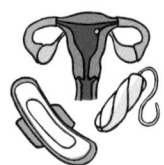

menstruacija
....
Menstruacja

vagina
....
Wagina

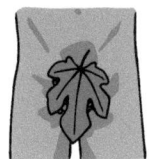

penis
....
Penis

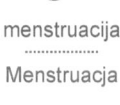

obrva
....
Brew

kosa
....
Włosy

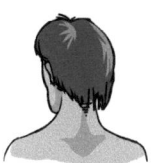

vrat
....
Szyja

bolnica
Szpital

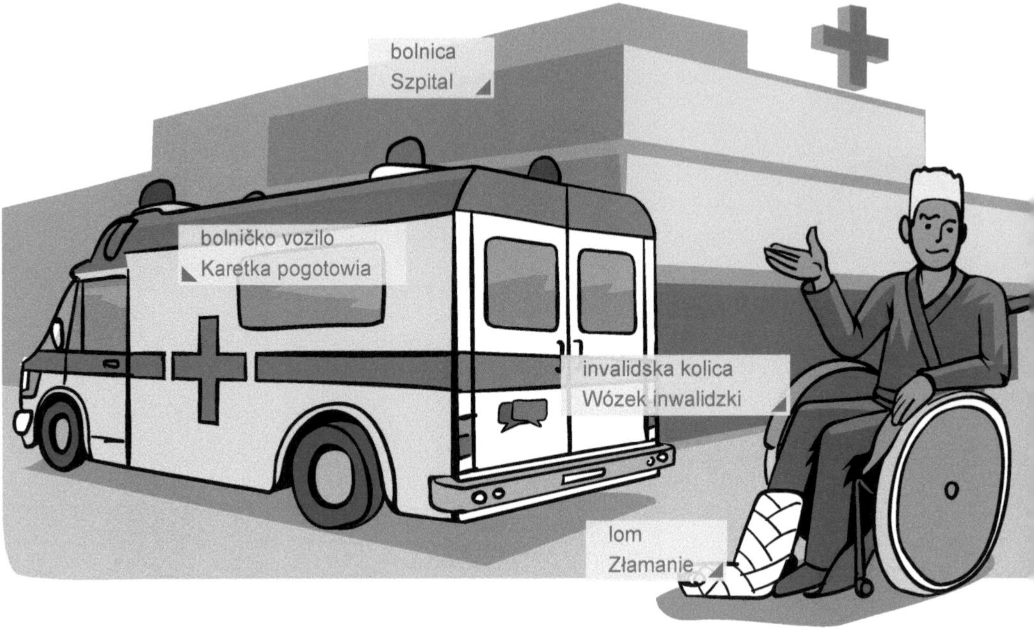

bolnica
Szpital
bolničko vozilo
Karetka pogotowia
invalidska kolica
Wózek inwalidzki
lom
Złamanie

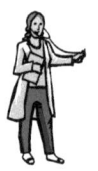

lekar
Lekarz

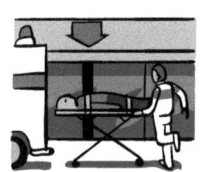

hitna medicinska služba
Izba przyjęć

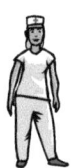

medicinska sestra
Pielęgniarka

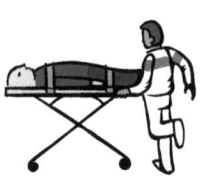

hitni slučaj
Nagły przypadek

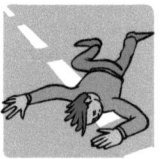

nesvest
nieprzytomny

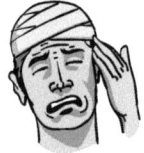

bol
Ból

povreda

Skaleczenie

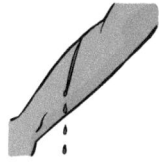

krvarenje

Krwawienie

srčani udar

Zawał serca

udar

Udar mózgu

alergija

Alergia

kašalj

Kaszleć

groznica

Gorączka

gripa

Grypa

proliv

Biegunka

glavobolja

Ból głowy

rak

Rak

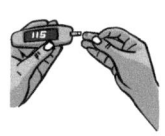

dijabetes

Cukrzyca

hirurg

Chirurg

skalpel

Skalpel

operacija

Operacja

ct
CT

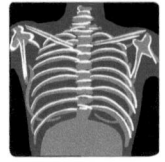

rentgen
Rentgen

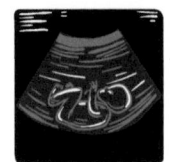

ultrazvuk
Ultradźwięki

maska
Maska

bolest
Choroba

čekaona
Poczekalnia

štaka
Kula

flaster
Plaster

zavoj
Opatrunek

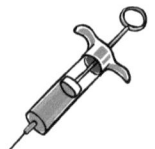

injekcija
Iniekcja

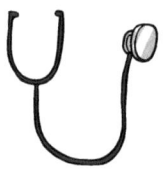

stetoskop
Stetoskop

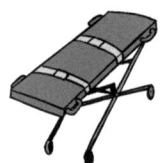

nosila
Nosze

termometar
Termometr

rođenje
Poród

prekomerna težina
Nadwaga

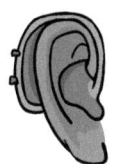

slušni aparat

Aparat słuchowy

sredstvo za dezinfekciju

Środek dezynfekcyjny

infekcija

Infekcja

virus

Wirus

HIV / AIDS

HIV / AIDS

medicina

Medycyna

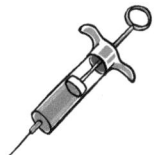

vakcinacija

Szczepienie

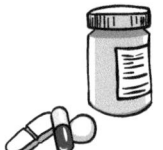

tablete

Tabletki

pilula

Pigułka

hitni poziv

Telefon ratunkowy

uređaj za merenje pritiska

Ciśnieniomierz krwi

bolesno / zdravo

chory / zdrowy

pomoć!

Pomocy!

alarm

Alarm

nasrtaj

Napad

napad

Atak

opasnost

Niebezpieczeństwo

izlaz u slučaju nužde

Wyjście awaryjne

požar!

Pożar!

protivpožarni aparat

Gaśnica

nezgoda

Wypadek

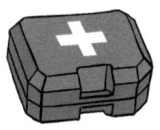

kutija prve pomoći

Walizeczka pierwszej pomocy

sos

SOS

policija

Policja

Evropa

Europa

Severna Amerika

Ameryka Północna

Južna Amerika

Ameryka Południowa

Afrika

Afryka

Azija

Azja

Australija

Australia

Atlantik

Atlantyk

Pacifik

Pacyfik

Indijski okean

Ocean Indyjski

Antarktički okean

Ocean Antarktyczny

Arktički ocean

Ocean Arktyczny

Severni pol

Biegun północny

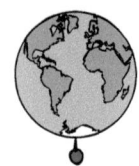

Južni pol
Biegun południowy

Antarktik
Antarktyda

zemlja
Ziemia

zemlja
Kraj

more
Morze

otok
Wyspa

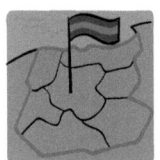

nacija
Naród

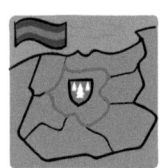

država
Państwo

brojčanik sata

Cyferblat

satna kazaljka

Wskazówka godzinowa

minutna kazaljka

Wskazówka minutowa

sekundna kazaljka

Wskazówka sekundowa

Koliko je sati?

Która godzina?

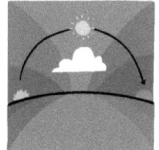

dan

Dzień

vreme

Czas

sada

teraz

digitalni sat

Zegarek digitalny

minuta

Minuta

čas

Godzina

sedmica
Tydzień

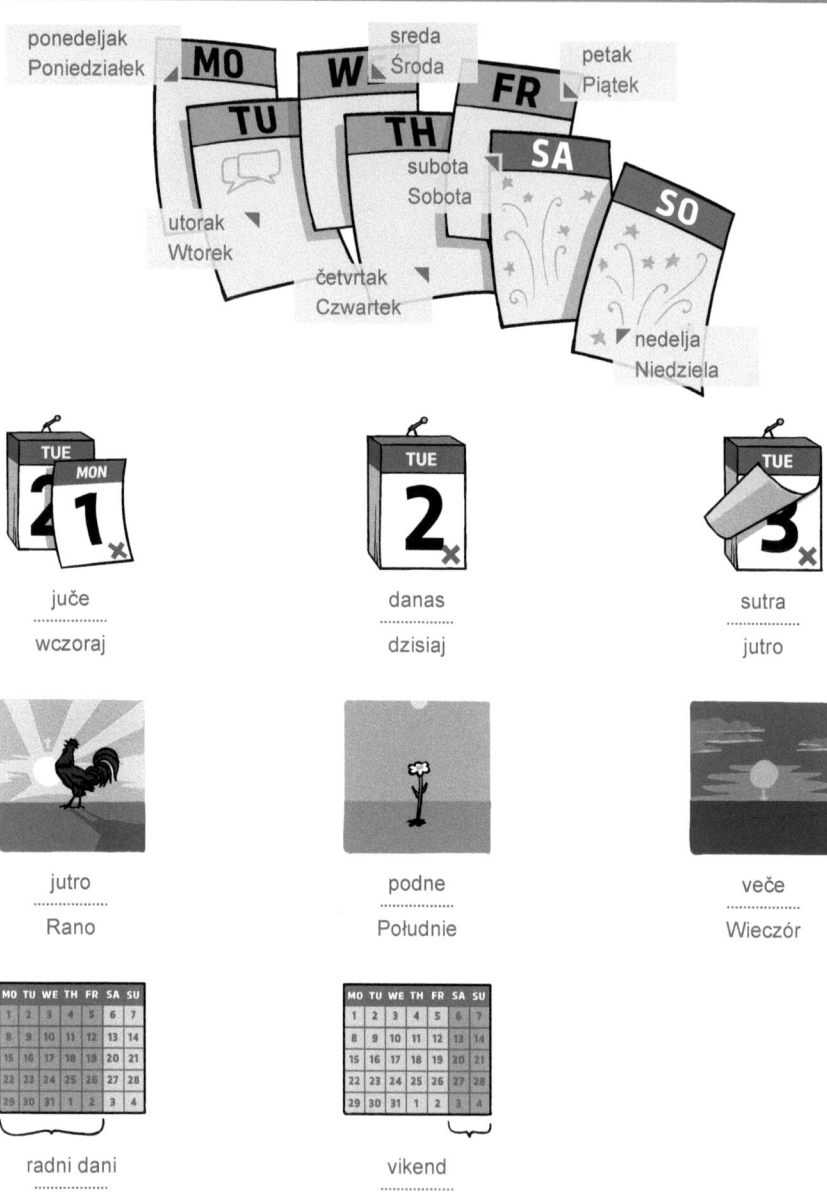

ponedeljak
Poniedziałek
MO

TU

utorak
Wtorek

sreda
Środa
W

TH

subota
Sobota

FR
petak
Piątek

SA

SO

četvrtak
Czwartek

nedelja
Niedziela

juče
....
wczoraj

danas
....
dzisiaj

sutra
....
jutro

jutro
....
Rano

podne
....
Południe

veče
....
Wieczór

radni dani
....
Dni robocze

vikend
....
Weekend

godina
Rok

kiša
Deszcz
duga
Tęcza
sneg
Śnieg
vetar
Wiatr
proleće
Wiosna
jesen
Jesień
leto
Lato
zima
Zima

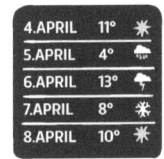

4.APRIL 11°
5.APRIL 4°
6.APRIL 13°
7.APRIL 8°
8.APRIL 10°

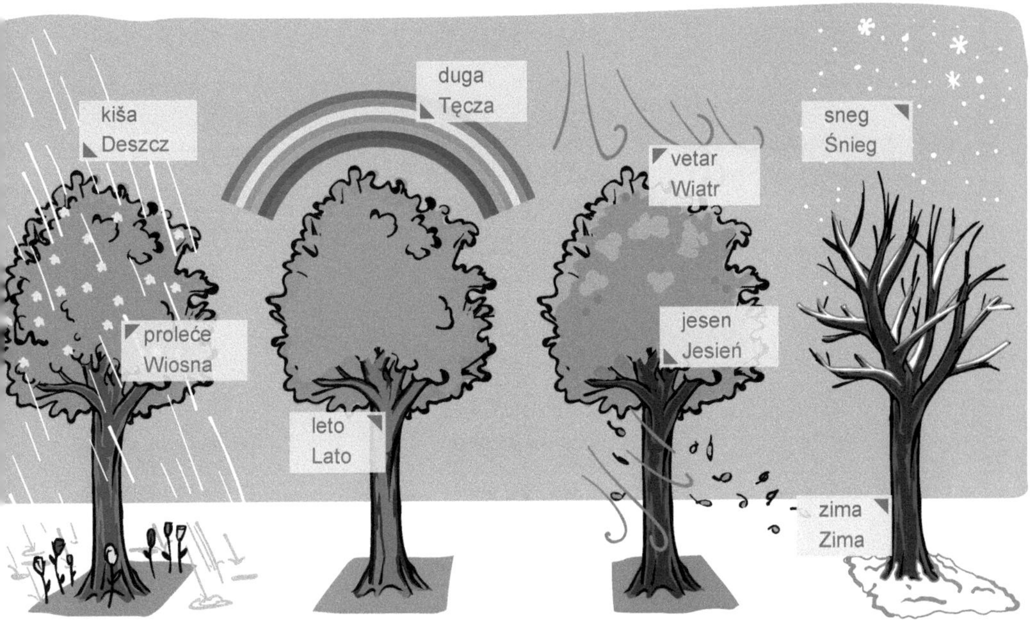

meteorološka prognoza

Prognoza pogody

F C
120 40
90 30
60 20
30 10
0 0
-30 -10
-20

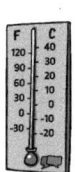

termometar

Termometr

sunčana svetlost

Światło słoneczne

oblak

Chmura

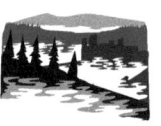

magla

Mgła

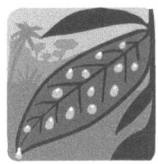

vlažnost vazduha

Wilgotność powietrza

munja

Błyskawica

grmljavina

Grzmot

oluja

Sztorm

tuča

Grad

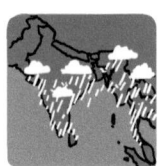

monsun

Monsun

poplava

Potop

led

Lód

januar

Styczeń

februar

Luty

mart

Marzec

april

Kwiecień

maj

Maj

juni

Czerwiec

juli

Lipiec

avgust

Sierpień

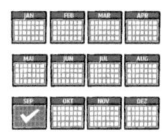

septembar

Wrzesień

oktobar

Październik

novembar

Listopad

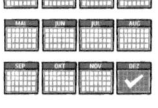

decembar

Grudzień

oblici

Kształty

krug

Koło

kvadrat

Kwadrat

pravougao

Prostokąt

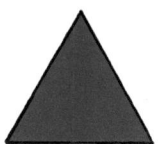

trougao

Trójkąt

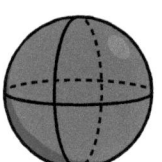

kugla

Kula

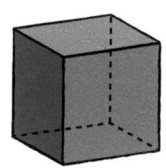

kocka

Sześcian

bela
....
biały

žuta
....
żółty

narandžasta
....
pomarańczowy

ružičasta
....
różowy

crvena
....
czerwony

ljubičasta
....
liliowy

plava
....
niebieski

zelena
....
zielony

smeđa
....
brązowy

siva
....
szary

crna
....
czarny

mnogo / malo
dużo / mało

ljutito / mirno
wściekły / spokojny

lepo / ružno
piękny / brzydki

početak / kraj
początek / koniec

veliko / maleno
duży / mały

svetlo / tamno
jasny / ciemny

brat / sestra
brat / siostra

čisto / prljavo
czysty / brudny

potpuno / nepotpuno
kompletny / niekompletny

dan / noć
dzień / noc

mrtvo / živo
umarły / żywy

široko / usko
szeroki / wąski

jestivo / nejestivo

jadalny / niejadalny

zlo / dobro

zły / uprzejmy

uzbuđeno / dosadno

podniecony / znudzony

debelo / mršavo

gruby / chudy

na početku / na kraju

najpierw / na końcu

prijatelj / neprijatelj

przyjaciel / wróg

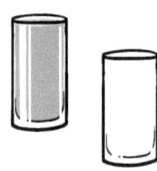

puno / prazno

pełen / pusty

tvrdo / mekano

twardy / miękki

teško / lagano

ciężki / lekki

glad / žeđ

głód / pragnienie

bolesno / zdravo

chory / zdrowy

ilegalno / legalno

nielegalny / legalny

pametno / glupo

inteligentny / głupi

levo / desno

lewo / prawo

blizu / daleko

bliski / daleki

novo / polovno

nowy / używany

ništa / nešto

nic / coś

staro / mlado

stary / młody

uključeno / isključeno

włącz / wyłącz

otvoreno / zatvoreno

otwarty / zamknięty

tiho / glasno

cichy / głośny

bogato / siromašno

bogaty / biedny

tačno / pogrešno

prawidłowy / błędny

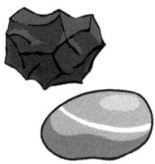

hrapavo / glatko

chropowaty / gładki

tužno / sretno

smutny / szczęśliwy

kratko / dugo

krótki / długi

polako / brzo

powolny / szybki

mokro / suho

mokry/suchy

toplo / hladno

ciepły / chłodny

rat / mir

wojna / pokój

0

nula

zero

1

jedan

jeden

2

dva

dwa

3

tri

trzy

4

četiri

cztery

5

pet

pięć

6

šest

sześć

7

sedam

siedem

8

osam

osiem

9

devet

dziewięć

10

deset

dziesięć

11

jedanaest

jedenaście

12
dvanaest
dwanaście

13
trinaest
trzynaście

14
četrnaest
czternaście

15
petnaest
piętnaście

16
šestnaest
szesnaście

17
sedamnaest
siedemnaście

18
osamnaest
osiemnaście

19
devetnaest
dziewiętnaście

20
dvadeset
dwadzieścia

100
stotinu
sto

1.000
hiljadu
tysiąc

1.000.000
milion
milion

engleski

Angielski

američki engleski

Angielski amerykański

mandarinski kineski

Chiński mandaryński

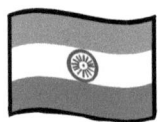

hindski

Hindi

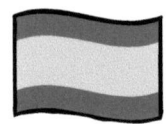

španski

Hiszpański

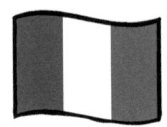

francuski

Francuski

arapski

Arabski

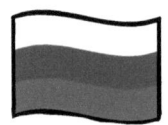

ruski

Rosyjski

portugalski

Portugalski

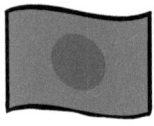

bengalski

Bengalski

nemački

Niemiecki

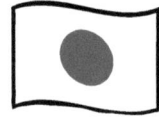

japanski

Japoński

ja
ja

ti
ty

on / ona / ono
on / ona / ono

mi
my

vi
wy

oni
oni

Ko?
kto?

Šta?
co?

Kako?
jak?

Gde?
gdzie?

Kada?
kiedy?

ime
Nazwisko

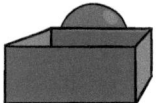

iza
....
za

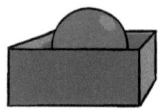

u
....
w

ispred
....
przed

preko
....
powyżej

na
....
na

ispod
....
pod

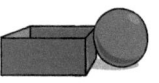

pored
....
obok

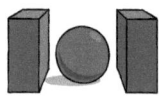

između
....
między

mesto
....
Miejsce